Le vagabond céleste

Du même auteur, aux Editions L'Harmattan :

Errance, poèmes, juin 2008

Fulgurance, poèmes, mars 2009

Abder Zegout

Le vagabond céleste

Poèmes

© L'Harmattan, 2010
5-7, rue de l'Ecole polytechnique ; 75005 Paris

http://www.librairieharmattan.com
diffusion.harmattan@wanadoo.fr
harmattan1@wanadoo.fr

ISBN : 978-2-296-12466-0
EAN : 9782296124660

A ma Mère chérie, avec tout mon amour.

A la mémoire de mon Père,

de mes oncles,

de Monsieur Mohand Amokrane Tache.

En souvenir de Lili.

A Madame Jeannine Tache, Samia, Sania, Zahra ;

Je dédie également ce recueil à

Maïté, Elisabeth, René,

Myriam Guilhot, Emmanuel Galiero ;

Pour mes amis qui sont restés à Ifigha:

Arezki Ammadj, Aouimeur Khaled.

Pour mes cousins:

Khaled, Akli, Hand et Slimane.

Pour la démocratie et les droits de l'homme dans le monde.

Le souvenir reste.

PRÉFACES

Abder,

René m'a parlé de votre recueil de poèmes, et le voici, là, entre mes mains, sous mes yeux.

C'est magique ! Magiques comme vos textes.

Certains sont l'exact reflet de nos pensées souvent non exprimées et pourtant si présentes et si fortes.

« L'image » et « Le visage » sont parmi ceux qui m'ont terriblement émue.

Merci de ce très joli cadeau.

Bien à vous,

Lili

ABDER, SALTIMBANQUE AUX CENT PAPIERS

Abder, par la force des choses s'est retrouvé sans papiers… Mais il rachète cette précarité avec ses cents papiers. Oui, Abder, saltimbanque aux cent papiers qui vous soulagera de vos maux avec ses bons mots. Abder, poète saltimbanque de la vie quotidienne qui distribue ses textes poétiques dans les lieux les plus insolites, les plus divers : métro, commissariats, cafés, restaurants, manifestations… Il est toujours à l'affût de l'occasion, pour, avec ses poésies, ses cent papiers, sensibiliser à la cause des Sans - papiers ! Vagabond céleste de l'époque actuelle, nouant ici et là de nouveaux liens de communication/Commune-Unie-Action/… Ses textes parlent d'amour, d'amitié et préparent au ré-enchantement du monde avec de nouvelles perspectives… La poésie à elle seule est un passeport, une carte de séjour, pour habiter, circuler !... Saltimbanque de la société actuelle, Abder vous ouvrira d'autres horizons de vie… Abder le poète ne baisse pas les bras. La poésie est une école d'espoir-espérance de vie. Avec Abder, le saltimbanque sans papiers aux cent papiers, sortez de la non-vie, de la survie. Et ici et là portez les bons mots d'un nouveau lien, continuez d'avancer en traçant la route….

David Davoust avec la complicité de Claire Gabriele

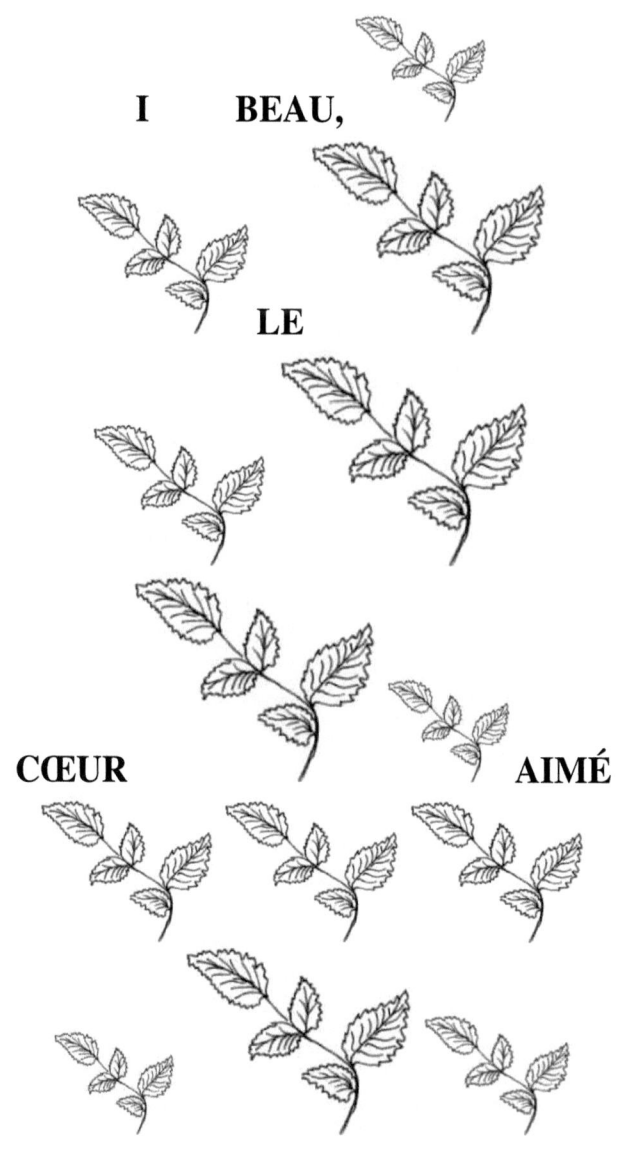

I BEAU,

LE

CŒUR   AIMÉ

SUR L'AIR DE L'AMOUR

Pour plus de joie, ensemble nous vivrons.

Un pas, puis un mot, tout sera mieux.

Contre l'éloignement, notre Amour !

Que tous les amoureux qui attendent le Bonheur

Clament dans l'univers : « la femme est heureuse !»

Sur l'air de la femme, cela va fleurir !

Sous le pas de l'Homme, cela va adoucir !

Sur les ondes de l'Amour, cela va danser !

Les parents attendent la joie.

Et comment ne pas s'aimer !

AMOUR, FIDÉLITÉ POUR TOUJOURS

Il est beau dans son cœur,

Ce Cœur qu'il ouvre pour toi.

Il t'aime en silence,

Il meurt d'envie,

Loin de Toi, rien ne va.

A quelques pas, l'Amour reste inachevé.

Joyeux, il est amoureux de Toi,

De plus en plus, en ce village,

Incontestablement habitué à la sentimentalité.

Comme elle est belle la sincérité !

Fidèle aux principes et à la tradition,

Ensemble, allez remercier l'Amour florissant !

PLAISIR AMOUREUX

Au plus profond de ce que je ressens,

Le plaisir amoureux approche.

Il est doux comme une eau endormie,

Se transforme en mélodie

Jouée avec simplicité.

Un soir d'été, le rêve semble exaucé.

Il est revenu, il s'amuse dehors.

Coïncidence, il suit tes pas

De la même ardeur que toi.

Il veut un toit

Par peur de l'inconnu.

C'est pareil partout où il va.

Le rôle magique du Poète

Aide l'Amour et fascine sa raison.

ELLE CHERCHE LA TENDRESSE

Comment écrire tout ce que je veux te dire ?

Par quoi commencer, mon être souhaité ?

Les mots se bousculent presque à en rire

Et mon cœur tremble d'être comblé.

Repenser à cette journée chaleureuse,

Ton regard si souvent lumineux, mon désir

De te plaire, et ce besoin de me taire.

Heureux, joyeux, réjoui de ce dimanche,

J'en veux, j'en veux plus encore,

Je n'aurai jamais de désespoir,

Mes sens ne seront pas rassasiés.

Ta jeunesse et ta vigueur me donnent

Plus de rigueur, mais ta tendresse et ta douceur

Me font toujours chavirer le cœur,

J'ai juré d'être à toi, pour l'éternité, rien qu'à toi,

Pour toi. Vivre sans toi, ce serait me damner !

CE NOM QUE JE T'OFFRE

Comme il est beau mon nom que tu portes !

Quelle richesse à offrir et quel plaisir

Pour la femme au cœur si doux !

Le hasard t'a placée selon mon vœu et ton attente.

Ton cœur et mon âme ont joué cette chance.

Enfin ! Te voilà de retour par ce geste amoureux.

Tu as un charme fascinant ma raison,

Ton éducation et la mienne sont au diapason.

Ton horizon et ma vie radieuse se conjuguent.

L'Amour envahit et survole nos pensées.

ROSE DE MIDI

Belle rose de couleur vermeille,

La joie de vivre te transforme en fruit.

Avec sagesse, je verse l'huile de la politesse

Sur les rouages de ta tendresse.

Je mettrai ta vie en valeur.

Viens, ma Rose, je t'emporte dans mon ciel.

Dans mon rayon de vie, un brillant soleil

De sa chaleur te donne le miel

Et procure un sens à l'existence.

Plaisir de celui qui aime la splendeur,

Vénère avec douceur et ferveur.

LE VISAGE

Je dessine un visage,

Ce brillant regard qui voyage,

Je le trouve dans mon village,

Ce cœur qui aime l'Amour.

Je rencontre ce visage

Chaque instant, à chaque voyage.

Il est heureux ce présage.

Un regard éclairant un visage

Ouvert sur le monde qui existe,

Comme la fleur et son parfum,

Sur le souhait de mes désirs.

Tendre songe qui s'exauce…

L'IMAGE

Je trouve une image,

Un cœur chaleureux dans un quotidien.

Je regarde le visage :

L'Amour qui cherche la raison

En quête de l'essence de la vie,

A chaque instant, dans chaque pensée.

L'expression s'inscrit sur un feuillage,

L'image est source d'évidence,

Transporte la douceur d'un cœur solitaire,

Comme une tige verte demeurant sensible.

Sur le sentier des amoureux,

Le visage représente un bouquet de mariage.

Au matin, la ballade est encore en tissage.

Tassadit Chertouk, une Kabyle

LE SOURIRE

Je trouve dans le sourire

L'humour dans tout son éclat.

J'habite ce sourire,

Cet amour qui m'aime sans compter.

Je croise ce rire

Chaque matin, partout où je vais.

Il est fidèle, l'ami du cœur

Qui me berce en tissant mon avenir.

De son sourire naît un présage

Sur l'avenir d'un destin.

Je me retrouve sous un chaleureux toit,

Ce toit qui me protège du froid,

M'aidant à me projeter vers le futur,

De mon sourire qui rencontre le sien,

Dans la complicité et le sublime bonheur.

ÉLOGE DE L'AMOUR

Ton visage est mon présage,

Mon vœu clame ta beauté.

La vérité du verbe s'écrit

Du à la réalité

Qui s'achemine, d'un pas allégé.

Couleur de minuit éclairée

S'imposant à l'aube naissante,

Présentant une joie d'amour

Comme une colombe du lac passionné,

Le délice du fruit goûté

Venant humaniser ce partage,

Avec l'amour de bien faire.

Et comment ne pas être fier !

Le vent ramène le souhait,

L'enfant attend le crépuscule.

Du matin au soir achevé,

L'amour l'enveloppe dans un confort drapé.

SI…

Si je suis un figuier,

Je laisse la fille rêver

A l'ombre de mes feuilles, se reposer.

Je suis une maison abritée.

Dans son coin secret,

L'enfant passe son temps à jouer.

Je suis les yeux de l'Amour.

L'amoureux s'exile sans jamais revenir,

Son regard se noie dans leur limpidité.

C'EST POUR QUAND LE VOYAGE ?

Tes yeux sont immenses, intelligents et vivants,

Faits pour la promesse d'une vie meilleure,

Captivante et ouverte.

La grande aventure est encore à venir,

Arrosée d'une bouffée d'air.

La raison de vivre en est le premier but.

Les yeux de la femme dansent dans le regard

Parfait, ils cherchent la vraie complicité.

Ce regard est celui du poète,

Regard émerveillé

Pour celle qui fera son bonheur.

II

IMMACULÉ

LE CIEL

OÙ JE

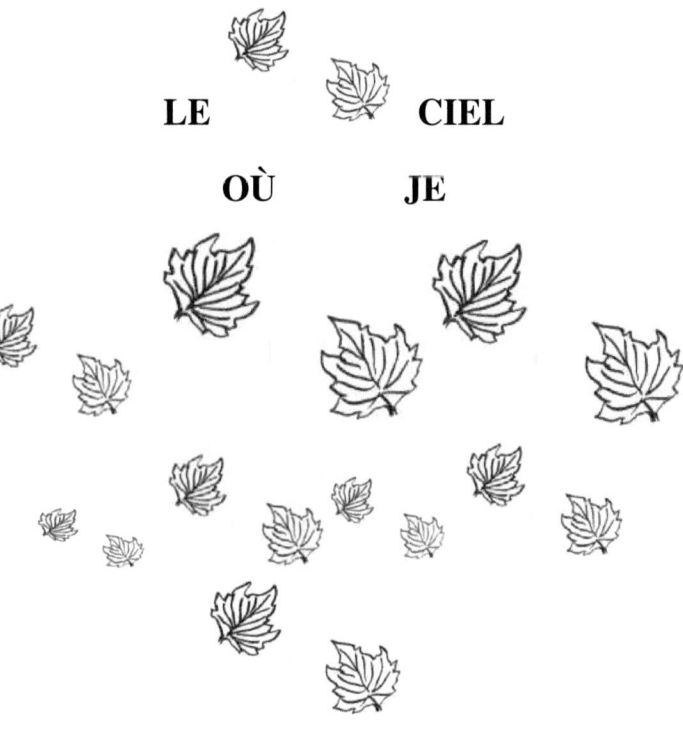

VIS

ÉCRIRE TON NOM

Là où j'écris ton noble nom

Sur la feuille d'un arbre,

Une goutte de miel

Fait venir l'oiseau vers elle

Pour lui roucouler la douce mélopée.

Là où je chante l'amour

L'espoir est attendu

Sur le chemin du retour

Une joie ambiante partagée

Porte le mot vers moi

Pour me dire « heureuse celle qui aime ».

Là où j'entends

Ta chanson préférée

Sur la place de la fête,

Une musique harmonise cette mélodie.

La belle esquisse un pas de danse,

Laissant son prétendant impressionné.

SOUVENIR

Tout au long de ma douce nuit

Je garde le rêve de mon enfance.

Un nom est inscrit sur une page,

Une belle image reproduit un visage.

Au matin, je me retrouve dans son village

Comme un papillon s'envolant au gré du vent.

Le même garçon t'aime toujours !

Amoureux de toi et de tes yeux,

Comme un nuage léger haut dans le ciel,

L'Amour contraint le cœur à saisir l'arome.

Une caresse te serre dans ses bras,

Une présence se métamorphose en secret,

A deux sur le même chemin.

Ce rêve mène à l'Amour.

Les gens ne cessent de dire :

Qui sont ces amants qui sèment la joie ?

LE REGARD

Le regard reconnaît les dispositions de l'âme,

Il participe à l'intelligence,

Cherche à se rendre compte

De l'histoire à l'existence,

De la compréhension à la prise de position

Qui sert l'épreuve éducative,

Saluant l'esprit de liberté,

Demeurant sensible au fait

Dont je me souviendrai.

Dans ce regard semant la sagesse,

Secouant, bousculant le cœur du poète

Qui ne sait plus, qui ne sait pas.

Il se demande comment comprendre.

En quoi peut-il croire ?

A l'Amour dans sa pureté.

LA FLEUR DU SUD

Faire un détour pour une fleur !

Prendre du temps pour une amie !

Etre prêt, sans craindre l'Amour !

O ma très chère fleur, je te parle

Dans ton refuge, je reviendrai

Vers tes paupières, je glisserai un message,

Ma douceur te rafraîchira.

Autour de toi, elle creusera un tombeau

Et, en moi, tu demeureras vivante.

Au matin printanier, je trouverai ma place

Et je dormirai auprès de ton cœur

Comme un papillon rêveur, dispensant ma fraîcheur

Sur ta vie et sur ton feston parfumé,

Je gouterai le fruit de ton corps.

Et la lumière de tes yeux, j'irai la saisir.

L'ESPOIR FAIT VIVRE

L'espoir nous pousse vers des expériences.

Il est un rêve dans le quotidien,

Un rayon qui protège la demeure,

Une gloire qui guide vers la victoire,

Un flash annonçant la plume lumière.

L'activité, celle qui me rend productif

Face à la joie et aux prémices de l'Amour,

La liberté me délivre de la solitude

Afin que je ne tombe pas,

Pour ne pas craindre le sublime sentiment

Planté comme un pieu dans mon cœur.

Je la considère comme une vie bariolée de rose,

Sachant bien, malgré la distance qui nous sépare,

Que je l'aime jusqu'à la moelle de mes os.

LIBRE COMME LA COLOMBE

J'aime le sourire, le charme

Et le visage de la charmante fille.

La beauté est idolâtrée, auréolée par l'Amour.

Impossible de résister à cette émotion.

Il rend l'éclat plus beau que le rêve,

Caressant la gloire par une sensation de pureté.

Je me dirige vers celle que je crois aimer,

Je m'accorde à ses pas légers

Et je fais un geste amical.

Vie clémente, effusion d'entente

Merveilleuse dès que j'aurais gagné son cœur.

Elle danse, effleurant son pied dans mon intimité.

Elle chante ce que j'ai d'unique passion,

Elle plaisante en souriant à la vie.

Sur son visage, je lis la promesse rêvée.

Le désir de bien être l'enveloppe,

Ma présence est un réconfort pour son cœur.

LE CŒUR DE RÊVE

Il est un cœur de rêve,

Son regard voit l'avenir.

Dans son lit, il est si seul,

Se faisant des idées.

Il repose au milieu de la solitude.

Impossible de résister,

La provocation, les avances, la gaieté

Et le plaisir avec envie d'être confronté.

A quoi pense-t-il ?

Il est si triste,

Dans sa chambre, la porte fermée.

Personne n'a brisé le mur de son intimité.

Seul le poète a imaginé

Le murmure enchanté, semblable au vent.

Une étoffe, comme une robe kabyle,

Traînant sur le sol de la dignité

Dont il se sent le prisonnier.

SURVOL

Il est, blagueur, pince sans rire, rêveur,

Il a mené son combat selon ses convictions,

Il sent que sa force de séduction s'impose.

A ses yeux tout est simple,

La plus petite joie le contente.

Mais il n'est pas un enfant jouant

Avec des boules de neige,

Il se souvient du chant des femmes.

Il veut finir son rêve et sans détour appeler.

Jusqu'à Ifigha, par delà les prairies,

On a pu l'entendre !

Il prend, pour son Amour, un sage intérêt.

Il veut la beauté des aspirations poétiques.

Il ne peut jouer, sans se lancer dans la course.

L'ESPOIR DE TE REVOIR

Bienheureux suis-je,

Moi qui accompagne tes gestes,

Courant te dire bonjour

D'un chant d'action de grâce.

Et la patience s'achève par un silence

Dans lequel je porte espoir de te revoir.

C'est un merveilleux souvenir

Dont on ne peut dire l'usage.

Elle est là, quelle surprise !

Venant chercher l'eau de source.

Toi, petite fleur qui s'amuse bien,

Si tu gagnes ma beauté,

La joie d'aimer brisera ta voix.

Ce jour là, l'Amour sera tout à toi.

LE RÊVE EXAUCÉ

Dans un sommeil profond,

Laisse le dormeur voyager

Dans la rosée du matin.

Dans un chant, il récolte le vent.

Le passé semé,

Laisse le rêveur récolter,

Jusqu'à l'éternel sentiment

Qui justifie son lendemain.

Sur l'étendue de la couleur,

Le ruisseau coule à flot,

Réveille le dormeur de la croisière exaucée.

III

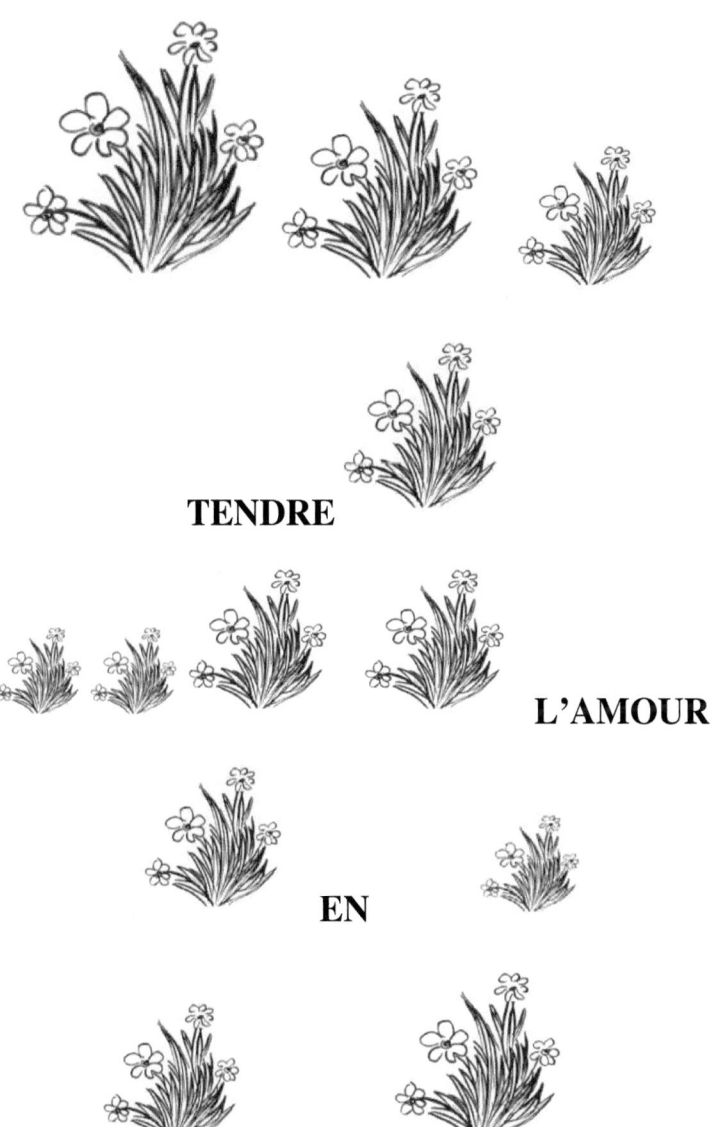

TENDRE

L'AMOUR

EN

MON CŒUR

ATTENDRE

Attendre, encore attendre

Le sourire magique, radieux

Et finir là ! Attendre, encore attendre

Tout le charme d'une femme raffinée, lointaine.

Et pourquoi ? Attendre, encore attendre

Le vrai rayon de soleil

Qui cogne, ne rien comprendre,

Et s'éprendre là !

Attendre, encore attendre

La voix douce, chaleureuse,

Quand la nuit tombe,

Le vagabond céleste à l'humeur rêveuse.

Attendre, encore attendre

Le tendre mot de cette femme.

Par son geste, il donne espoir

A mon cœur qui veut tout d'elle.

L'AUBE NAISSANTE

Dans la froideur hivernale,

Les villageois se réveillent.

Sous un rayon de soleil,

Sur une terrasse, ils savourent un café.

Le halo du café fumant

Laisse revenir le désir amoureux.

La joie, sans attendre,

Justifie ce flot romantique.

Sous l'onde avide,

Les terres brûlées

Déchirent la paix attendue.

Sur le chemin du retour,

Une fille en pleur.

Son rêve se transforme en un sanglot.

L'EFFET DE L'AMOUR

Dans la chaleur affective,

L'être retrouve la sensation

Au regard des yeux.

Dans l'Amour, le sien se dessine.

Le monde sentimental berbère

Laisse derrière lui un village.

Aucun repos ne prend,

L'Amour pleure tout le temps.

Sur l'étendue de la lande,

Une pluie torrentielle

Asperge la feuille luisante,

La nourrissant de son eau vitale.

L'AMOUR EST DE RETOUR

Vivre pour le sourire,

L'espoir existe,

Le feu illumine le regard.

Quand les yeux atteignent l'horizon,

Le cœur maquille le visage.

Enfin vivre à deux.

Chacun est invité,

Le chant et la danse font la fête,

La joie explose dans la salle,

Le rire naît comme on craque une allumette,

La chaleur fait fondre les banquiers d'orgueil,

Libérant le fleuve de l'Amour.

En son eau les amoureux nagent matin et soir.

QUE LE CŒUR SE TRANQUILLISE

Même si je suis en honneur,

Je ne suis pas ton galant.

Ton malaise, c'est ma sincérité,

Celle exprimée le jour de ma renaissance.

Par mon comportement insouciant,

Je suis comme un soleil illuminant ta demeure,

Te montrant le secret chemin de l'intimité.

Je suis comme un sourire jalonné de joie

Qui t'habite pour la vie.

Même si je ne m'y attendais pas,

J'ai cru à tes avances,

D'où cette étincelle de vie jaillissante.

Elle ressemble à une fontaine d'espérance.

Elle est là pour sécher mes larmes

Et me faire oublier la peine quotidienne ;

Même si je suis seul,

Le ciel est par-dessus mon toit,

Me tranquillise par sa douceur.

Mes yeux si beaux jubilent de bonheur,

Me libèrent et demeurent en paix.

LA CERTITUDE DE L'ESPÉRANCE

Que dis-tu, mon cœur ?

Vivre comme un romantique,

Toi qui crois à l'Amour sincère.

Ta sensibilité est une édition

Illustrée et animatrice d'un nouvel élan

Pour établir une autre vue sentimentale.

Que dis-tu, ma joie ?

Si tu rationalises ton plaisir,

Souviens-toi que dans cette rencontre,

Je retrouve l'ombre de l'Amour.

Tu me disais que tu m'aimais tant,

Et tu voulais le faire savoir à tous.

A ce moment-là, le sens raisonnait,

Nourrissant le besoin le plus intime.

L'INSOUCIANCE

Il ne reste que le souvenir.

Je suis debout,

Le passé domine le présent et l'avenir,

Tu as caché mes vœux d'enfance,

Tu les as révélés pour celui qui se résigne.

En recevant de tes nouvelles, combien j'ai pleuré !

L'herbe est sèche, la fleur tombe.

Tel un oiseau dans une cage

Nul ne peut te rendre visite.

Tes pétales jaunissent, tes feuilles noircissent.

Maintenant c'est au tour des nuages et des pluies.

Les merveilleux jours sont terminés.

Au revoir ma vie, le souvenir demeure.

L'AMOUR CONTEMPORAIN

Le chemin de la gloire, celui de l'amour…

Il s'intéresse à celle qui le prend,

Qui veut gagner le sens de la vie,

Qui souhaite s'instruire en toute douceur.

Il connaît mieux que quiconque son besoin.

Il a un appel amoureux.

Par son expression, il décrit la Femme.

Le sourire d'une fleur

Passe par la fraîcheur de ses lèvres parfumées.

Il est le musicien,

Ce musicien qui joue de la guitare

Sur la place du cœur, évoque un chant.

Une douce note exprime l'aventure

Parfaitement de ce coup de cœur,

Quand nous commençons à être nous-mêmes

Et à nous aimer sans nous faire de mal.

RÊVE SUBLIME

Parmi toutes les raisons

Qui s'annoncent et se développent,

Connaissez-vous le prénom,

Le vœu le plus beau

Esquissant un décor sur nos visages,

Berçant nos cœurs en douceur ?

Et le plus bel Amour retentit comme un écho.

Chante, chante sur les ondes,

Jusqu'au rêve caressé.

Le plus beau cœur du monde

Que j'ai aimé pour son regard

Est celui de « Femme ».

Par ta sublime beauté,

Femme, quand tu m'écoutes,

Je sens ton cœur qui parle,

Et cela me donne des ailes.

A l'abri de ton amour,

Je cherche le vrai bonheur.

Protège-moi ! Je suis le tien.

Tu sais bien que je suis amoureux.

Femme, c'est le fin mot

Quand les discussions se poursuivent,

Quand les mots se disent

Sous l'influence de l'Amour, l'espoir revient.

Quand la route est fluide, le bonheur sublime,

Qui soigne toutes mes blessures ?

Filles jalouses, garçons fascinés,

Si le poète sait rester sage,

Et garder la douce image,

Il est toujours amoureux

De la Femme de tous ses espoirs.

Que cette déesse adulée

Soit pour le poète une vie

D'Amour et de bonheur.

L'ATTENTE INFINIE

Attendre, encore attendre.

Le téléphone sonne.

Nul ne répond. Pourquoi ?

Attendre, encore attendre.

L'espoir est pour demain.

En France, le séjour

C'est pour toujours.

Attendre, encore attendre.

Le fin mot de l'admiration.

Le noble sentiment planté

Dans son cœur n'a jamais été présent.

IV

AMOUR ET PASSION

VÉCUS À

DEUX

LOVE STORY

As-tu ignoré l'écrit du poète ?

C'est le sentiment qui donne l'espoir.

Ce beau verbe pénètre l'intimité,

La souplesse féline soulage le cœur.

Dans le réseau, il fait un plein de vie,

L'esprit entretient la flamme,

La sensation anime la vraie Love Story,

L'allumette de la séduction est craquée.

Les mots te rendent différente,

Restent vivants même après les nuits de lecture.

Tu es prise par surprise,

Sans reproche, comprends-le !

A ta fontaine, il boit à satiété.

TOUJOURS SEUL

Laisse-moi te décrire le cœur troublé,

Laisse-moi te parler de la jeunesse magique

Et de la voix fine qui m'interpelle.

Elle réanime la cendre de la passion enflammée,

Allumée le jour comme un feu,

Qui s'étend la nuit dans mon cœur.

Laisse-moi t'aimer, je suis à toi,

Heureux de la présence

De quelques joies que nous avons partagées.

Loin des yeux, c'est bien le cœur

Perdant la raison au point de dire :

Suis-je une douce mélodie jouée un soir d'été ?

Suis-je le bombyx ou un gibier dans cette triste nuit,

Sui-je heureux sans toi ?

Ou bien est-ce mon cœur qui semble être gai ?

Mais les jours passent, les nuits se ressemblent !

Malgré cela on reste là sans dire un mot.

DUR À CUIRE

Parler de l'amoureux

Qui a comme nom « cœur de feu ».

Je l'ai vu passer, je l'ai entendu chanter,

Partout où il va c'est un fort séducteur,

Peu sont capables de lui résister !

Il pose sur la fille un regard plein de sagesse.

Le sourire joue en maître sur ses lèvres charnues,

Légèrement humides, et lui donne

Un souffle nouveau.

Le feu sensuel brûle dans ses yeux.

Même pour un dur à cuire de sa trempe,

Cette présence féminine est difficile à supporter.

La fille ne veut pas la neige. J'ai bien peur pour la

Suite. Il vit dans un ciel immaculé,

Un air songeur résonne généreusement

Dans son esprit.

LE CHEMIN QUI MÈNE À TOI

Il aura fallu faire une confidence

Pour que la nuit porte conseil.

L'amoureux se montre naturel

Comme une torche emportée par la coureuse,

Gagnant les titres dans le monde,

Et mettant sa vie en valeur.

Il aura suffi d'un geste

Pour que la flamme se propage,

Associant le savoir de la résistance.

Sur la piste, la fille tout sourire

Portant plus haut la victoire

De ce qui brille en elle,

Une merveilleuse au clair de lune,

La lune de l'Amour l'épaule,

Lui donne une mantille de soie et une médaille.

LE SOUFFLE D'UNE VIE NOUVELLE

Je trouve la vie belle,

Tout me semble intéressant,

Le désir de séduire, et de plaire,

Sur mon chemin,

Une bonté m'envisage,

Sans doute une fleur parfumée.

Je retrouve le sens de la vie,

L'Amour et la paix.

Cette rencontre me fait comprendre

Le besoin de la présence,

Heureux de ce hasard.

De son geste, un sentiment réel.

De jour en jour, la joie pénètre mon silence.

La méfiance cède la place devant l'aube naissante.

Le message si riche pour une vie de couple

Décide de parcourir ensemble le chemin

Pour semer l'Amour gorgé de bonheur.

QUEL DESTIN ?

Il ne me reste que le sourire.

Personne ne peut le fuir.

Comment suivre tes pas ?

Le destin est trop sévère !

J'ai peur, je l'avoue. Je suis seul.

Ma peine, mon corps fatigué.

Je me retrouve nez à nez

Sans rendre la monnaie.

Le rêve s'éteint, il m'a ruiné.

Le corps glacé de cette attente infinie,

Le soleil devient brouillard et pluie.

Au milieu de nulle part, je me retrouve suspendu.

Les regards enflamment le cœur.

Plus je parle, plus j'avance vers toi.

L'Amour me fuit, me laisse seul avec mes soupirs.

LE SOUHAIT DE L'ESPÉRANCE

Quelle richesse que cette proximité !

Quelle joie pour cette présence !

J'ai dans l'esprit une rose,

Je ne suis pas parvenu à la séduire,

Je l'anime d'une joie la plus intime.

Dans le recoin de ma pensée,

Il faut un stationnement,

Un écho de bonheur.

L'espérance pénètre pour ce moment sensationnel,

Sans pour autant le banaliser.

Elle alimente ton quotidien journellement.

LE TISSU DRAPÉ

Le tissu drapé enveloppe le corps.

A la station de vie,

Dans l'île riche de sa pensée,

La coïncidence est à sa portée.

Cousu par la Couturière,

Le modèle berbère habille

De son art les femmes en flammes.

Dans le jardin secret, elles sont les plus convoitées.

Sur la hauteur de la montagne,

L'air pur que l'on respire

Evoque l'Amour. L'oiseau chante

Dans un ciel si bleu,

La tendre mélodie berce l'Homme et la Femme.

NOTRE SOUHAIT

Notre souhait a-t-il valeur de liberté ?

Quand l'Amour viendra-t-il ?

A quoi sert le regard de séduction ?

Peut-on clamer l'innocence d'une jeunesse ?

Le vœu amoureux ou le charmeur de la vie festive,

Le romantique d'Ifigha, dépose ce qu'il y a de plus

Beau : la tendresse est le souhait.

Pourra-t-on une nuit admirer ce visage ?

Une rencontre, comme une surprise,

Echange des regards ;

Pourquoi séduire ?

Les sourires en sont le présage,

Les amoureux de la liberté.

Ainsi se construit la démocratie en société.

L'ÉTÉ

Le récit débute bien.

Elle réclame le conteur,

Plaisir d'une flamme.

Résiste à la séduction.

Elle est cet oreiller, ce havre de confort.

Naturelle comme une rose orangée.

Jolie comme une palette de peintre

Aux multiples couleurs.

Sur son visage, lumière éblouissante…

Fleuriste, Ne cache pas ces beautés,

Protège-la, donne-lui une raison d'être.

Papillon, sois tendre, rose de diamant est son nom.

Comme une épopée chevaleresque,

Rose, pars à la conquête des fabuleuses contrées,

Retrouve la senteur au divin parfum.

Mon dieu, je vous en supplie, qu'elle sache

Mon attente et que l'Amour me consume.

V

L'AMOUR

PRÉSENT

MÈRE

S'il te plait, Mère, ne pleure pas !

C'est là ma destinée.

Le temps ne m'a rien donné.

Loin de toi, comment résister.

Hier, enfant blotti dans tes bras, tout était si bien.

Toujours habile et tendrement présente.

J'ai grandi sous ton chaleureux toit,

Le quotidien était sous le signe maternel.

Pour rester en vie, l'exil fut le chemin préconisé.

Triste fin ! Pour quand seront les retrouvailles ?

Le bonheur semble retardé,

Ce jour n'est pas pour demain.

Tout a mal commencé et je ne sais pourquoi ?

Sans repos, fatigué, comment vivre loin de toi ?

RÊVE D'UN CŒUR ATTENTIF

Qu'il est beau ce noble sentiment !

Il active tout mon être,

Il apporte la sensibilité dans mon esprit,

Attise mes sens, appelant ma tendresse.

Que le sentiment soit présent

Comme un vœu véhiculant l'expression

De l'Amour pour la Femme aimée,

Et la tendresse ramènera la chaleur.

Que la gaieté et l'affection,

La vérité et la sincérité

Soient une grâce infinie.

LA DÉLICIEUSE

Les beaux jours sont attendus chez Femme-Flamme,

Et je dois goûter ce délicieux fruit.

Cent mots suffisent pour nourrir mon regard

Qui montre aux charmeurs le bon présage.

Je les vois bien dans les recoins de ma pensée.

Sans le savoir, un goût matinal fait

Revivre mes joies.

L'écho est vécu dans le quotidien falsifié,

Et je parle de ce temps malmené

Qui, sans doute, trouble la personne aimée,

Laissant les autres lointains et sans espoir.

J'ai surpris ce sentiment dans mon être, il y vit.

Une image connue reste à mes côtés,

Narrant mon rêve sans repos.

Le bonheur est à la fenêtre de notre toit.

LA FILLE RÊVEUSE DE SOLEIL

Fille de rêve, rayon de vie,

Nul ne peut te suivre.

Seul l'amant peut te rejoindre.

La lumière de tes yeux

Eclaire le chemin du Poète,

Comme un flambeau guidant ses pas,

Une ancienne preuve d'Amour.

Tu es une femme d'extérieur, prise en étau

Entre deux réalités, le cœur en vogue.

Le soleil timide t'enveloppe,

Te propulse vers l'espace immaculé,

Prolonge ce rayon de vie plus loin que le rêve.

PLAISANTE

La Femme, ses yeux, les regards plongent,

Le cœur tombe dans les rets de l'Amour,

Il se livre prisonnier.

Le sentiment voyage en amoureux,

Ses jours s'orientent vers l'espoir.

Il aime, il rêve, pourtant il a tout dit.

Maintenant, l'Amour par avance

Lui fait une confidence.

Le bien est présent dans son quotidien,

Et je dois dire la vérité

Qui, sans doute, laisse le cœur désirer

Cette fille rencontrée, plaisante.

Elle nage dans sa pensée au même titre que lui,

Le poisson dans l'eau, toujours plus fort,

Le corps fertilisé par la vague,

Et l'Amour prendra ce bien affectif.

LA GRÂCE D'UN CONTACT

La sérénité est comprise par un regard.

Grâce à cette présence, des retrouvailles

Sans détour, quelle bonne humeur !

Une balade, la verdure au cœur de la nature,

La fraîcheur, plaisir du promeneur.

Au soir, l'esprit se satisfait de ce voyage.

La chaleur est ressentie intensément.

L'ère nouvelle présente ses vœux

Sans repos, plus affectueuse que l'Amour.

Cette âme sensible qui ne veut pas de sottises.

Demain, de quoi sera fait cet amour ?

Sur ce visage, un sourire et un tendre mot.

Mehand Ben Akli Zegout, dit Amara (1915-1984)

DIALOGUE

Je voudrais parler de toi.

Dans cette vie,

Sans toi, je ne sais rien.

Pourtant, je n'ai pas quitté

La ligne de tes regards

Esquissée par la présence de tes yeux.

Mes yeux se noient sans attendre

Dans le commun regard, le cœur s'existe.

Je voudrais chanter l'Amour

Partout dans le monde.

Le mot véhicule un sentiment

Né, grandi dans un cœur insouciant,

Et dont l'essence est un message.

La chaleur pénètre l'âme sensible

Nos pas se lancent à temps.

Selon le vœu, l'amitié est en vacances.

À MA MÈRE

A l'écoute de ta voix

Dont le son me parvient

Tel l'écho d'un bercement,

Il n'est pas question de nier

La bonté d'une mère

Cela invite le fils au retour.

En exil, il se réconforte de promesses,

A la poursuite de sa route.

Le voyage se prépare dans la tête,

Vers l'universalité, le cœur propulsé

Pour la réussite du rêve, un passeport pour la vie.

A la recherche de ton affection,

Ton fils pourrait se nourrir, pour demain,

D'un regard heureux, d'un instant de présence,

Entraînant réussite et manifestation de gratitude

Pour toi, Mère, l'hôtelière de toujours,

Œuvrant pour le bien-être de ton fils.

LA FILLE UNIQUE

Unique en son genre

Dans l'espace de son intimité.

De beaux moments vécus

Face à elle, un bon destin.

Seule, exceptionnelle,

Une beauté sublime, une chance pour lui.

Un charme séduisant tout en simplicité,

Acceptant le toit qui lui est proposé.

Simple, elle aime la beauté.

Elle chante l'Amour par ses yeux,

Réaliste pour l'avenir, clamant la sincérité.

Au matin, le soleil la berce dans son rayon de vie.

Un regard séducteur se noie dans le sien.

Pourquoi l'as-tu laissé seul ?

L'amoureux habitué aux plaisirs,

Aux caresses infinies,

Retrouve le rêve exaucé.

FEMME LIBRE

Une femme libre,

Respectueuse,

Pleine de richesse,

Généreuse, affectueuse,

Modéliste de vue,

Décoratrice de visage,

Simple, présente partout,

Et aussi…

PERLE DU NORD

Le berbère qui sait écouter

D'une oreille fraternelle,

Devant le soleil, « habille » la femme,

La créatrice moderne, l'architecte du style,

Nommée, couronnée par celles qui l'ont connue,

Qui ont cousu chez elle,

Sœur qui reste toujours dans le cœur

Et que l'on aime.

Fraternel sentiment d'Amour

Habitant les cœurs pour toujours.

La main amicale d'une sœur

Berce l'enfant tout le temps.

D'un monde à l'autre, ce nom est le plus beau.

Architecte de rêve, tes modèles

Parcourent le monde,

D'une ville à l'autre, des filles en beauté

Habillées en robes berbères façonnées par toi.

AIMER SANS PEUR

Dans le cœur, si tendre, un prénom.

La fille présente ses vœux.

Ma nuit si chaleureuse est remplie d'envie.

Ecoute ! Connais-tu le chant d'Amour ?

De ce bonheur, je me retrouvais l'élu.

Je suis habitué à l'attente.

Chante ! Entends-tu l'inouïe joie du cœur ?

Là, dans l'écho, le rêve s'écrit.

La fille est souriante et opte pour ce toit,

Pour cette vie de couple qui s'harmonise

Dans le temps. Entente, confiance, Amour de

Couple. Devant cette réalité, le cœur frissonne.

Derrière cette place, l'Amour stationne,

Donnant ta main pour la joie.

Sur la main chaleureuse, amoureuse de toi,

Rêves des envies exaucées,

L'harmonie du couple nous berce !

VI

UNIQUE LA FEMME

QUE J'AIME

LE TRISTE SORT

L'Amour est faible, apeuré, sensible,

Malmené dans le quotidien.

Nul ne peut le croire,

Le fin mot est lassant.

Le cœur troublé de la femme aimée,

La faute commise, le sentiment justifié.

Reprendre est le seul sentier envisagé.

La sincérité est au beau fixe.

Comment ne pas l'accepter ?

Plus encore, l'aider toute la journée !

Le sourire enjôleur le fascine toujours.

Il se sent incompris de l'être aimé.

L'INFINI

Je crie ma tristesse ! Heures de deuil, heures

D'abandon ; Je voulais tant m'occuper de ton cœur

Qui est mon Refuge. Je suis torturé dès qu'est

Prononcé ton nom au point de pleurer pendant des

Heures interminables. Souffrance et misère !

Maudit soit le jour de ton décès. Avant ta mort

Tu es venue me voir, humble, sans prétention.

Tu voulais emprunter la sente de la Liberté,

Tu exprimais le combat de la continuité. La nuit,

En rêve, tu me rappelais cette expression :

Dès demain, je veux retrouver l'Espoir.

Terre sacrée, demeure de tous les Trépassés, veille

Sur Elle ! Gardien des tombes protège son tombeau.

Dépose Ces roses à ses côtés, parfum entêtant.

Sage des Cieux, ressuscite la vie d'une Beauté, fais

Revivre son Amour. Plus personne ne pleurera pour

Toi, moi seul, privé de Toi, je t'en supplie : reviens !

LES YEUX

Les yeux de l'Amour lancent un regard sur l'avenir,

Voient ce radieux sourire, torrent rayonnant.

Les yeux du désir, trouvent un accueil, vivent

L'Amour rieur et sans relâche se dirigent vers le

Plaisir. Les yeux de la patience communiquent

La force énergique, nous enseignent la maturité,

Le courage de faire appel à la Vérité.

Les yeux de la gloire donnent un seul rendez-vous

A l'être si longtemps désiré pour reprendre espoir.

Les yeux du combat décrivent cette liberté en

Participant à la lutte pour la Démocratie.

Les yeux de l'angoisse veulent fuir la réalité

Des hommes qui souhaitent le Mal.

Les yeux de la tristesse refoulent la conscience

Irresponsable de ceux qui croient au salut de la fuite

Et de ceux qui contemplent la vie déjà perdue.

SI J'ÉTAIS

Si j'étais un alevin, prudent, je nagerais seul dans ce

Barrage, afin que personne ne me pêche.

Voilà où j'aimerais vivre avec sagesse.

Ceci n'est qu'une partie de mon histoire,

Une apparence de mon silence, colère contenue.

Si j'étais un bohémien, j'entrerais dans le jardin,

Mais, l'audace et l'intrépidité me manquent.

Comprendre ma vie d'oiseau nocturne

C'est connaître les délices de la destiné,

Respirer l'arôme et la senteur d'une fleur.

Enchantement de s'envoler au gré du vent !

Dans le ciel, volupté de prononcer ton nom,

De te dire que mon désir est toujours présent

Sans l'exprimer totalement, dans mon esprit,

Une rose de midi, dans mes veines, un nom chéri,

Que je répète à l'infini en frémissant.

LE REBELLE

De quoi as-tu peur, quelle appréhension

As-tu de lui, de sa bonne humeur,

De son allégresse ?

Ne le laisse pas seul, privé d'amour, de tendresse,

Il n'est pas aussi méchant que tu le crois.

Il dévoile seulement la rage et la fougue du révolté.

Ta présence l'aiderait à se calmer.

Il rêve, à toi, à ce qui pourrait faire ton bonheur.

Colère contre l'injustice et l'indifférence.

Va vers lui, redeviens la magicienne, la fée

Qu'il a rencontrée, face à l'Amour, en sécurité

Il ne reste pas étranger. Dans son cœur, un secret,

Bien gardé, avec ce plaisir de voyager partout.

L'homme est sincère, sensible, l'Amour est

Un sentiment rebelle, un jour tu le comprendras !

LE GALANT

Fais bien attention, il a trop souffert !

Par ses tendres manières, il peuple ton temps.

Dans ton quotidien, il est un ange, sa sensibilité

Est plus délicate que le plus délicieux des amours.

Dis-lui tes sentiments, ce que tu ressens,

Il te regarde t'amuser et se distrait. Ici, bon écolier

Devant sa maitresse, il récite la leçon, indulgente

Elle le laisse s'exprimer devant la sirène du Lac.

Il se transforme en gardien de musée, comblant

La fée de la prairie berbère. Horizon lointain,

Attention à son esprit, son âme progresse vers toi.

Il se présente en prétendant, des mots caressants

Pour t'initier à sa traversée. Les montagnes,

Leur atmosphère pure et parfumée, une mer calme

Que l'on admire, source d'existence quand son

Cœur pénètre les recoins de la pensée. Dans

L'île riche de ta mémoire, il se retrouve allongé.

LE DÉSIR DE VIVRE

Je réfléchis au sens de ma vie…

Sous un figuier, je désire une présence

Plus exaltante, moins routinière.

J'en ai assez de l'existence matérialiste,

Du petit confort bourgeois…

Pour me libérer de mes habitudes

Je dois vivre une grande aventure.

Ma subsistance au jour le jour me pèse.

La chaleur d'une flamme est une perspective

Que je trouve séduisante dans mon histoire,

La rencontre avec la Bien-aimée,

Vivre ensemble, tendresse sublimée.

LAISSE-LE T'AIMER

Laisse-le t'aimer, ne le prive pas d'amour.

C'est un ami. Une seule absence et tout est amer.

Vois-tu, à chaque instant il est à toi,

Bien plus encore dans le futur.

Laisse-le t'aborder, il est amoureux.

Une tendre jeunesse prise en éclat

Par le chaleureux quotidien,

Ravi de ces moments de joie.

Laisse-le te prouver son attachement.

Tout son bonheur n'est que ton histoire,

Sa liberté d'écrire est le fruit de ton romantisme.

Plus cela bouge, meilleure est la vie.

Une claire fontaine décorée,

Elle est et restera, à ses yeux, la plus belle.

Laisse-le te rappeler la nuit des temps oubliés.

Aujourd'hui, il a la joie de s'exprimer.

Merci pour cette gorgée de Selecto

Etanchant sa soif, donnant de l'énergie à son cœur.

Fais taire les jaloux de chaque mot exprimé,

De sa vérité qui te réclame un sourire

De peur qu'il ne s'éloigne sans pouvoir le retenir.

Laisse-le te parler

Du serment d'amour caché

Envoyé plus loin dans l'intimité,

D'un cœur embrasé, envahi par l'angoisse,

Cherchant à se rapprocher de toi, être aimé.

Et l'amour de tes yeux le berce.

LÀ OÙ JE VAIS, JE TE TROUVE

Là où je vais Le destin est sévère,

Sur le chemin du départ

Le hasard joue en ta faveur,

Te propulse vers le sommet,

Et moi, à descendre l'escalier.

Là où je suis,

Ta silhouette est présente

Sur la place du marché,

Me montre à la vindicte

De ce regard présageant l'horizon

Pour toi qui crois bien faire.

Là où je trouve la clef de ton rêve égaré

Sous l'effet de la colère,

Les expressions ferment la porte à l'espoir.

Dehors, le froid est transperçant,

Le corps tremble, craque sous le torve regard,

Cherchant vainement à réchauffer ce cœur.

LE CHEMIN DE L'INCONNU

L'ami de cœur, ce visage rencontré.

De lui, pas un mot, pas un geste.

Seule l'espérance s'élance

Sans pouvoir être interceptée.

J'accepte le fait qu'elle ne m'aime pas.

Quelle qu'en soit la raison, elle ne veut pas de moi.

L'ami de l'âme, ce pas vers toi…

Impuissant, je vois l'étincelle s'éteindre.

L'Amour va bien mieux que moi.

Je me désolé et lointain,

Désirant ce doux cœur.

De loin, ma mère sèche mes pleurs.

En France, terre d'asile de ma présence lésée,

La cruauté, jour après jour…Je meurs à petit feu.

Cruellement, ma mère me manque.

Pour l'Amour, je garde encore confiance.

KABYLIE

L'appétit de ton paysage grandiose,

La montagne, indomptable décor…

Air frais mais verdure et olivier brûlé

Un jour d'été. Liesse et rudesse.

La clairière des amoureux témoigne

Du nombre d'amants passés sur ces lieux.

Personne n'a fait une telle traversée.

Le cœur battait la chamade.

L'appétit de bien manger

Tous autour de la même table.

Le couscous est en soi une réelle fête

Où chacun se sert, selon son envie,

La présence réalise

L'équilibre du corps sensible,

Le sourire est aussi un partage.

QUELQUES JOURS PLUS TÔT

Telle la reine couronnée,

Heureuse de cette rassurante sérénité,

L'âme l'entraine vers la réussite.

Il s'habitue à son maquillage

De plus en plus loin…

Il avait tout, et depuis, plus rien.

Comment saisir son cœur ?

Il est si amoureux, il vit ses gestes.

Il respire son souffle.

Sa voix l'appelle de très loin, si loin…

Sur son cou flotte une écharpe de soie.

Limpide, couleur translucide

Qui ne doit rien au maquillage.

Son regard anime ses jours ;

L'Amour y réside pour toujours.

Que devient-il, gazelle, si tu bouleverses sa vie ?

Dans ses veines coule l'exaltation de la passion.

L'ÉTINCELANTE

J'aime la beauté enthousiaste

Qui cherche l'étincelle de vie.

Je suis ému, troublé, attendri :

Elle me regarde gracieusement.

Je suis fasciné par son sourire,

Elle est comme un lilas enveloppé de parfum,

Lèvres rouges riantes et souriantes.

Mes yeux percent son secret.

Eperdu, son contact me bouleverse.

Senteur délicate que je reconnais,

Déferlant en vagues subtiles et tièdes,

Je m'incline devant cette fleur.

Mes doigts effleurent le blanc crémeux des pétales.

Sa peau moite prend une forme inattendue.

Sa fenêtre s'ouvre sur un salon embaumé

Comme un bouquet précieux de mariage.

Au matin, elle est encore rêveuse…

VII

LES

JEUNES

ALGERIENS

Pour la jeunesse Algérienne,

A la mémoire des jeunes Kabyles assassinés

Lors de répressions sanglantes en Algérie

À MON PAYS

Pays tombé dans les ténèbres du vampire,

Dans les rues, parmi les cris, des pleurs.

Je connais ce peuple belliqueux et rebelle,

Attaché aux valeurs, résistant et courageux.

Vérités dans la raison,

Au pas du combattant, se trouve le révolté,

Rappelant ce qui est oublié.

Il parle à toutes les oreilles.

Un éclat kabyle retentit, la vallée résonne…

Ce peuple frondeur, quelle satisfaction !

Dans le cœur de chacun

La raison se nomme « Algérie ».

Sur la paume, le faucon déchante…

Merveilleuse, la Liberté flottant sur nos rêves.

Après le combat, la victoire, la démocratie enfin.

Mais le pouvoir assassin emprisonne la colombe.

Alors naît le valeureux combat

D'un peuple juste qui panse interminablement

Ses blessures, c'est au tour de la corruption,

Pour chacun un quotidien en pleurs.

Les chiens aboient contre les jeunes,

Les rebelles chantent la vérité.

Tragédie, génocide, les monstres tuent,

Le sang de la jeunesse se répand

Sur le mensonge des traîtres.

La haine gonfle le bois de la langue

A la veille de l'ardente liberté.

Tous réunis en assemblée constituante

De la clémence raisonnée,

L'échange des débats ouverts,

Le rêve égaré,

La lumière sur mon Algérie pleurant sur son peuple,
Ses mots sur son combat et sur son chant.

Que pourrais-je dire de plus ?
Ecrire encore des pages ?
Si ce lâche pouvoir cède devant le suffrage,
Il ne lui restera que la rage.
Ce jour-là, la Vérité sera sans emballage.
Et l'espoir renaîtra pour l'Algérie-image.

Table des matières

Dédicace

Préfaces

I – Beau, le cœur aimé	11
Sur l'air de l'Amour	13
Amour, Fidélité pour toujours	14
Plaisir amoureux	15
Elle cherche la tendresse	16
Ce nom que je t'offre	17
Rose de midi	18
Le visage	19
L'image	20
Le sourire	21
Eloge de l'Amour	22
Si	23
C'est pour quand le voyage ?	24
II – Immaculé le ciel où je vis	25
Ecrire ton nom	27

C'est pour quand le voyage ?	28
Souvenir	28
Le regard	29
La fleur du Sud	30
L'espoir fait vivre	31
Libre comme la colombe	32
Le cœur de rêve	33
Survol	34
L'espoir de te revoir	35
Le rêve exaucé	36
III – Tendre l'Amour en mon cœur	37
Attendre	39
L'aube naissante	40
L'effet de l'Amour	41
L'Amour est de retour	42
Que le cœur se tranquillise !	43-44
La certitude de l'espérance	45

L'insouciance	46
L'Amour contemporain	47
Rêve sublime	48-49
L'attente infinie	50
IV – Amour et Passion vécus à deux	51
Love story	53
Toujours seul	54
Dur à cuire	55
Le chemin qui mène à Toi	56
Le souffle d'une vie nouvelle	57
Quel destin ?	58
Le souhait de l'Espérance	59
Le tissu drapé	60
Notre souhait	61
L'été	62
V – L'Amour présent	63
Mère	65

Rêve d'un Cœur attentif	66
La Délicieuse	67
La Fille rêveuse de soleil	68
Plaisante	69
La grâce d'un contact	70
Dialogue	71
A ma Mère	72
La fille unique	73
Femme libre	74
Perle du Nord	75
Aimer sans peur	76
VI – Unique, la femme que j'aime	77
Le triste sort	79
L'infini	80
Les yeux	81
Si j'étais	82
Le rebelle	83

Le galant	84
Le désir de vivre	85
Laisse-le t'aimer	86-87
Là où je vais, je te trouve	88
Le chemin de l'inconnu	89
Kabylie	90
Quelques jours plus tôt	91
L'Etincelante	92
VII – Les jeunes algériens	93
A mon Pays	95-96-97
Table des matières	99-100-101-102-103

L'HARMATTAN, ITALIA
Via Degli Artisti 15 ; 10124 Torino

L'HARMATTAN HONGRIE
Könyvesbolt ; Kossuth L. u. 14-16
1053 Budapest

L'HARMATTAN BURKINA FASO
Rue 15.167 Route du Pô Patte d'oie
12 BP 226
Ouagadougou 12
(00226) 76 59 79 86

ESPACE L'HARMATTAN KINSHASA
Faculté des Sciences Sociales,
Politiques et Administratives
BP243, KIN XI ; Université de Kinshasa

L'HARMATTAN GUINÉE
Almamya Rue KA 028
En face du restaurant le cèdre
OKB agency BP 3470 Conakry
(00224) 60 20 85 08
harmattanguinee@yahoo.fr

L'HARMATTAN CÔTE D'IVOIRE
M. Etien N'dah Ahmon
Résidence Karl / cité des arts
Abidjan-Cocody 03 BP 1588 Abidjan 03
(00225) 05 77 87 31

L'HARMATTAN MAURITANIE
Espace El Kettab du livre francophone
N° 472 avenue Palais des Congrès
BP 316 Nouakchott
(00222) 63 25 980

L'HARMATTAN CAMEROUN
BP 11486
(00237) 458 67 00
(00237) 976 61 66
harmattancam@yahoo.fr

616710 - Août 2015
Achevé d'imprimer par